그리움이 깊어지면 추억이 된다

김대경 시집

그리움이 깊어지면 추억이 된다

ⓒ 김대경 2024

초판1쇄 인쇄 2024년 10월 25일
초판1쇄 발행 2024년 11월 1일

글쓴이 김대경

펴낸이 김희진

펴낸곳 도서출판 Book Manager   **주소** 전주시 완산구 메너머 4길 25-6
전화 (063) 226.4321   **팩스** (063) 226.4330

전자우편 102030@hanmail.net

출판등록 제1998-000007호

ISBN 979-11-94372-00-4
값 11,000원

· 잘못된 책은 바꿔드립니다.
· 이 책의 저작권은 저자와 북매니저에 있습니다.
· 작품의 무단 복제 및 전재를 금합니다.

그리움이 깊어지면
　　추억이 된다

글을 쓰면서

마음이 맑은 사람만이 시를 쓰고 글을 쓴다고 합니다.
틀렸습니다.
인생을 살아가면서 언제나 맑은 마음과 깨끗한 마음만을 가지고 살기란 매우 어렵습니다.
하지만
삶이 힘들고 지치더라도 돌아볼 수 있는 어느 순간
잠시 맑고 깨끗한 마음이 되고 그 순간마다 시 한 편씩 썼던 기억이 납니다.
50년이란 세월을 살아오면서
제 삶은 우여곡절이 많았던 것 같습니다.
평범하지 않은 삶이라 하여 증오하거나 투덜거리지 않았습니다.
받아들일 수밖에 없어서 받아들인 것도 아닙니다.
그 모든 것이 제 삶이기에 아름답게 기억하려 노력해 왔습니다.
참 아름다운 세상이더군요
마음이 닫혀 있으면 보이지 않을
그 아름다운 세상이 진수성찬처럼 제 눈에 들어왔습니다.

그 순간들을
머리가 나빠 기억하지 못하여 메모장에 써보았습니다.
그것이 시가 되었고 노래할 수 있었습니다.
태어날 때부터 시인을 꿈꾸고 산 것은 아닙니다.
살다 보니 시인이란 이름을 지어 주더군요
어차피 써야 할 글이라면
부끄럽지 않은 글을 쓰려고 노력했습니다.
몇 분이 이 책을 볼지 모릅니다.
단 한 분이라도 제 책을 읽고 그 순간만큼이라도
세상을 아름답게 볼 수 있다면 아니 저와 같은 생각으로 아름답게 볼 수 있다면 그보다 더 바랄 것은 없어 보입니다.
제가 똑똑하고 잘나서 글을 쓰는 건 아닙니다.
책에 옮겨 놓은 제 글들이 여러분들의 생각과 모두 같을 순 없습니다.
하지만 제가 보는 세상은 '이렇다'라고 써보았고 작게나마 감동을 드리고 싶습니다.

| 목 차 |

글을 쓰면서 • 5

일상 그리고 여유

장미 ·· 12
채석강 ·· 13
홀로 남겨진다는 것은 ························ 14
항아리 ·· 15
하루를 살려면 ··································· 16
풍요 ··· 18
친구에게 ··· 19
제주 용머리 해변 ······························· 20
카페에서(마니카페)····························· 21
인연 ··· 22
옥정호 붕어섬 ··································· 23
여유 ··· 24
아궁이 ·· 25
웅포(熊浦) ·· 26
삶(시조) ·· 28
태양 ··· 29
장미 2·· 30
계곡(시조) ··· 32

그리움 그리고 추억

장인어른 ······ 34
지리산 ······ 36
아카시아 ······ 37
멍텅구리 ······ 38
기도 ······ 40
당신을 사랑하기까지 ······ 41
아들아 ······ 42
딸바보 ······ 44
짝사랑 ······ 45
잃어버린 친구 경철이 ······ 46
그리움이 깊어지면 추억이 된다 1 ······ 48
그리움이 깊어지면 추억이 된다 2 ······ 50
아들바위 ······ 52
바다와 별 ······ 53
아버지의 기억 ······ 54
고백 ······ 56
겨울과 이별할 때 ······ 57
겨울바다 ······ 58

| 목차 |

인생 그리고 해탈

나라는 이름으로 ·················· 60
만경의 가을 ····················· 61
시계 ··························· 62
욕심 ··························· 64
삶과 죽음 ······················ 66
비 내리는 시골에서 ·············· 68
어머니(시조) ···················· 69
피어난다면 ····················· 70
꽃 잎 ·························· 71
꿈 ····························· 72
낙엽이 된 단풍 ·················· 73
밤낚시 ························· 74
닭 ····························· 76
찢어버린 사진 ··················· 77
산책 ··························· 78
밤을 걷는다 ···················· 79
엘리베이터 속의 거울 ············ 80
숲길 따라 ······················ 82

과거 그리고 현재

들꽃 ··· 84
바다를 보며 ······································· 85
갈대와 호수 ······································· 86
갈림길에서 ··· 87
겨울 길목에서 ···································· 88
비워진다는 것은 ································· 89
닭장 ·· 90
걱정(시조) ··· 91
자서전 ··· 92
눈을 뜨면 ·· 93
배부른 돼지 ······································· 94
간장독(시조) ······································ 95
마리더스타 ·· 96
소나무 ··· 98
칡을 캐며 ·· 99
연꽃 ··· 100

평설 김형중(시인, 문학박사) ············· 101

제 1 부

일상 그리고 여유

이름을 얻는다는 것은
참으로 행복한 일입니다

어떤 것에도 의미를 두어 보세요
당신의 발걸음이 여유 있을지 모릅니다.

장미

잎이 푸르니 꽃이 더 붉다
꽃이 되고 싶었던 가시는
듬성듬성 줄기를 나누어 가졌다

굴곡진 사연은 넝쿨이 되고
그마저 허락되지 않은 사연은
땅 아래 자리를 튼다

채석강*

사연은 켜켜이 돌이 되고
머무를 수 없는 건 파도가 조금씩 가져간다

어쩌면 좋을까
시커멓게 타버린 구슬픈 사연
위로받지 못한 너를 태양이 어루만진다

닳고 또 닳아진
파도가 가져가지 못한 사연

어쩌면 좋을까
갈매기한테나 들려줘야지

*부안군 격포면에 위치 격포해수욕장 주변

홀로 남겨진다는 것은

침묵이 휘돌아 곁에 남겨질 때
고독은 어둠 속의 빛이 되어
한없이 홀로 있는 난
해바라기가 된다

소리 없는 기다림이 메아리가 되어
다시금 가슴을 두드리고
원망할 겨를도 없이 내쳐진다

두려움은 고독의 방해꾼
창살 없는 감옥에 가두지 말고
홀로일지라도
기다린다는 지루함은 뒤로하고
흩어진 것들을 모아
남은 고독을 즐겨야겠다

항아리

비어져 있다고
모두 담을 수 있는 것은 아니다

오래 묵은 기억들을
어제인 양 꺼내어 볼 때
차마 비울 수 없다

비워낼 수 있을 것 같은 기억들
바라지는 않아도
담을 수 없을지라도
부탁이라도 하고 싶다

꺼낼 수 있는 기억이 있다면
부끄럽고 창피스럽지만
가까이 곁에 두고 싶어진다

오래된 듯 구석에 있는 항아리
지난 사연의 묵은 얘기들을 품어
묻지 않아도 대답하는 듯하다

하루를 살려면

들리지 않는 초침 소리가 나를 지배하고
허기진 야생의 동물처럼
시간은 나를 삼켜버린다

하루를 살려면
적어도 하루 이상을 살아 보아야 하루를 산다

반복되는 일상
매일같이 하루를 살지만
하루를 살았음에 만족하지 못한다면
하루를 살았다 말할 수 없다

하루를 살려면
적어도 하루 이상을 살아 보아야 하루를 산다.

셀 수 없는 하루를 살면서
죽는 날 허투루 보낸 하루를
기억하는 사람은 없다

돌이킬 수 없는 지나간 하루
하루 이상을 살아보아야
후회 되는 우리

하루를 살려면
적어도 하루 이상을 살아 보아야 하루를 산다

풍요

항상 그랬다
그래서 행복을 느끼지 못했다
물 밖에서 죽은 물고기
물이 없어 죽은 줄 모르더라

행복이란 공간
그 속에서 웃고 있는
내 모습

물이 없을 때를 준비해야 되는데

풍요로움은
배고플 때 느껴야만 되는 것을
그것이 행복인 것을

친구에게

이 사람아
말 못할 것이 뭐가 있겠나
당신이 못한 말
내가 먼저 알지 못해 미안하네

매화꽃이 피어날 때
필연처럼 내게 친구가 되어
삼십 년 서로 바라본 우리가 아닌가

이 사람아
먼동 트는 새벽부터 찾아오지
해떨어진 저녁에나 왔는가

모두 가져가 주지 못해도
속이라도 후련하게
썩은 속 나눌 수는 있지 않겠나

제주 용머리 해변*

산방산 끝 용머리
바다와 손잡을 수 있던
아니 발이 되어 주던

허락되던 갯 절벽이
높아진 바다에 묻혀
소란스럽던 바다가 을씨년스럽다

늙어지고 등이 무뎌져
하마터면 비틀거리다

미끄러진 골자리가 너무 깊다

띄엄 거리며 발을 옮기던
이젠 그마저도 가지 못할
늙어버린 친구가 되어
산방산 꼭대기
멀리서 바라봐야만 하는

* 제주 용머리 해안은 지구 온난화로
  일년 중 40여일만 출입이 가능하다고 합니다.

카페에서 (마니카페)

빛 따라 그리는 모래 그림자
아청빛 바다와 어우러지고
점 찍은 돛배는 서성이듯 멈추고
구름띠는 갈매기와
서로의 손을 움켜쥔다

드문드문
추억 쌓는 발길 속에
허브향 바람이 길잡이 하고
따뜻한 커피 한 잔

어느덧 마음에
사진 하나 얻는다

마니까페 주소
제주특별자치도 제주시 구좌읍 해맞이해안로 1112

인연

가슴에 담아낸다는 것이
이런 아름다움이었다면

잔잔한 마음의 소용돌이
말없이 끌어당기는 소중한 인연

멀리 등진 나를 조용히 바라보며
때론 그림자가 되던 인연

이젠 가슴에 담아낸다

누군가는 잊히고 또다시 만나고
조금도 낯설지 않게 아무렇지 않다

인연이란 것은 흐르는 물
수없이 가슴에 흐르듯 스며든다

소중하지 않은 것이 어디 있겠나
허둥지둥 서두르지 않으며
더디게 받아들이면 되지

옥정호 붕어섬*

떠있는 섬은 호수의 그림이 되고
그 위에 있는 나무는 이야기가 된다

발길 닿지 않는 한줄기 길가에
새들이 한걸음 옮기면
구름 없는 파란 하늘은
흘깃 내려다본다

호수를 걷는 갈매기 물결이
평온함을 어루만지고
작은 파도들이 호수임을 알게 할 때
노을이 하늘빛 수를 놓으면
호수는 잠이 들고
숱한 별들이 고요한 호수를 채워낸다

* 옥정호 붕어섬
　전라북도 임실군 운암면 입석리에 위치

여유

나무 그늘이 시원해
나무에 물었더니
바람이 가르쳐 줬다고

행복한 웃음을 짓고 있어
친구에게 물었더니
밝은 웃음이 가르쳐 줬다고

별것도 없더라
가만히 있어도 알게 되는 걸
그리 바빠 서둘렀나

하늘 한번 쳐다보고 갈 여유도 없이

아궁이

멀지 않은 옛날
소박한 햇살을 닮은
속 깊은 아궁이가 있다

활활 타오르는 아궁이 속에서
아련한 것들을 더듬어
하나씩 하나씩 쏘시개처럼 태워버리고
마지막 남은 버릴 수 없는 추억은
하얀 연기로 흩어져 간다

붉게 그을린 숯을 모아
하얀 속살을 가진 감자 하나 넣고
감자가 시나브로 익어갈 즈음
그 옛날 묻어 두었던 기억들을
연기처럼 버리려다
하나둘씩
하얀 감자와 함께 꺼낸다

웅포(熊浦)*

금강 줄기 노령산맥 따라
함라산 나무와 새들은 메마른 목을 축이고
들판의 곡식은 따사로운 햇살 아래
강과 산에 흐르는
달큰한 물을 마신다

뱃길의 추억은
아주 먼 옛이야기가 되어 버렸고
숭림사 샛강의 가재들은
철새처럼 떠나 어디 간 줄 모른다

소리 없이 들여다보면
옛 소리들이 가슴으로 들릴는지

남은 것들에 대한 배려는
차가운 시선으로 남아
처음부터 그랬던 것이 되어 버린

함라산 자락

숨죽인 사람들의 몫이 되어 버린 그곳에

조용히 서 있어 본다

* 전북 익산시 웅포면
  금강과 어우러져 멋진 풍경을 만들어 낸다

삶(시조)

움켜쥔 주머니를
털어보니 빈털터리

한 줄기 희망이란
살아있어 다행인걸

발밑에 내려놓게나
들지 못할 등짐들

태양

손으로 가려도 눈이 부시면
눈을 감아버려
태양의 따사로움보다
마음이 더 따뜻하면
눈을 감고 느껴

손댈 수 없는 따스함에
먼지처럼 부서진 빛의 향연
따뜻한 네가 좋다

나를 감싸고 있는
네가 좋다

장미 2

가시가 여물어
까맣게 그을릴 즈음
망울은 꽃을 두드린다

겨우내 시든 꽃의 기억이
잊히지도 않았는데

라일락 향기가 잊혀질 무렵
한데 모여 수다스럽다

여린 가지에 많이도 모였다

가시가 말라 부서질 때도
마음속에 한참이나 피어있을

넌 참 좋겠다

내가 피워낼 수 없었던
아쉬움의 한켠을 내어준
여유로운 인심에

한번 더 너를 바라보고 간다.

계곡(시조)

멈추지도 못한다
부딪힌 몸뚱어리

알갱이로 깨어지고
안개가 되어 버린

흐르고 떠돌다 보면
만나겠지 바다와

제2부

그리움 그리고 추억

숨기고 있는 사연 하나
꺼내놓고 이야기 해보자구요

함박웃음 지으며
시끄럽게 얘기 하자구요

별것도 아닙니다.

장인어른

밝은 미소 속에 감춰진
딸 걱정 사위 걱정

비가 눈이 되는 날
수화기 너머로 들려오는
"자네 집에 잘 들어갔는가?"

소주 한 잔에 시름 잊고
노래 한자락에 즐거움을 얻으시고
손자 손녀 웃음소리에
돌아서 눈물 흘리시던
그분의 뒷모습

남은 식구들의
가족사진을 볼 때면
너무도 그리워
손가락으로 그분 얼굴 닦아 봅니다

큰 절로 만나
큰 절로 헤어졌지만
혹여 다시 만날 수 있다면
투박한 장인어른이 아닌
아버지로 부르고 싶습니다

지리산

선율이 나를 꿈틀 거리듯
펼쳐진 한 폭의 그림들
깊은 내심에 숨겨져
차라리 자랑하며 조용하다

코끝을 얼어붙게 하는 맑은 공기
기지개 펴며 숨을 쉬면
산다람쥐 친구 되어 나를 깨우고
나무와 계곡은 어느덧
말벗이 되어 있다

계절이 지날 때마다 옷을 입는 모습
변하는 것은 두렵지 않다

지나는 구름에 잠시 가려진 그늘과 같기에
변함에 두려움은 없다

아카시아

하얗게 풀어헤친 댕기머리
오월의 그리움 품었다

떠오르는 추억을 수줍게 품어
홀로 아름답지 못하고
소박한 꿈인 양 하얗게 닮아간다

바람에 향기를 맡기고
지나는 봄이 아쉬운 길목에서
진한 향기라도 남기려는 듯
바람은 어느덧
내 마음에 향기를 뿌린다

서둘러 바람이 다가오려나
소복을 곱게 차려입은
댕기머리 아카시아꽃이
진한 향으로
내 후각의 추억을 파고든다

멍텅구리

꽃이 있기에 나비와 벌들이 날아듭니다
처음부터 친구는 아니었을 텐데
무척이나 친해 보입니다

나무가 있어 매미가 쉬어갑니다
외로운 나무에게
서툰 노래를 불러주며 수줍어합니다

그대가 있어 마음 한 자락 쉬어갑니다
사랑이라는 핑계를 대고
오랫동안 그래왔듯 마음을 얻으려 합니다

꽃잎이 떨어지고 나뭇잎도 떨어지고
그대와 이별을 하면
남은 건 아픔이 되어 허전함을 일굽니다

꺾은 꽃은 간직하는 것이 아니라
마음에 다시 심어야 한다는 걸 알기까지
많은 시간이 걸리었답니다

너무나 아팠노라고 슬퍼하던 그때
허전하다고 투덜대던 지난날은
겉만 알고 속은 모르는 멍텅구리였습니다

기도

파랑새에 속삭이는 소리
나무에 스며
십자가를 적신다

무릎 꿇은 간절함을
모은 두 손끝이 어루만지고
나무 위 파랑새는
표정으로 어루만진다

눈 감아야 들려오는 대답
메아리가 되어 가슴에 닿으면
눈물이 되어 영혼을 적신다

당신을 사랑하기까지

가만히 바라보고 생각해 보면
당신은 닿지 못한 우주와 같습니다

시간이 가르쳐 준 대로
눈으로 보이는 대로
항상 생각은 발걸음이 됩니다

당신의 맘에 내가 닿으려 할수록
손 내밀지 않은 당신의 마음

사랑은 생각의 발걸음과 같은가 봅니다

성급한 마음속에서
떨어지는 찰나일지도 모르는데
더디더디 가더라도
상처 없이 한발씩 내딛습니다

당신을 사랑하기까지
항상 행복한 곳에서 발걸음을 재촉합니다

아들아

삶의 무게가 어깨를 짓누르고
보지 못한 수없는 낯선 경험들의 무게를
필연인 듯 견디어 내는
남자의 삶을 살아갈 우리 아들아

주저할수록 빠져드는
인생의 소용돌이 속에서
너의 노력이 한낱 발버둥에 불과할 수도 있겠지만
그것이 살아갈 뿌리가 될 때
가뭄의 물 한 방울이라도 빨아들일 수 있어야 한다

약하면 쓰러지게 되고
메말라 죽게 되는 나무를 기억해라

삶이 호락하지 않다는 것을 너무 잘 알기에
뿌리가 내릴 때까지 거름을 주려
잔소리도 많이 하곤 했지

남자의 일생은
그래도 살만한 인생이더라

주먹 쥐고 태어나 펴고 죽는 날까지
모든 것을 쥐고 싶은 욕심도
가질 수 있다는 야망도
거침없이 꿈꿀 수 있었단다

무엇보다 듬직하고 사랑하는 나의 아들아

어깨펴고 두 다리 넓게 벌려
너에게는 좁은 세상
당당히 걸어가길 바란다
너의 꿈이 이루어지길 바란다

사랑한다 나의 아들아!

딸바보

삼월에 만난 아이
조금은 추웠던 어느 날
천사 하나가 내 눈에 들어왔습니다

어떤 보석을 가져다 놓아도
이처럼 이쁠 수가 없을 것 같습니다

어떤 표현도
감당할 수 있는 단어는 없나 봅니다

세상의 빛과 소금이 될 때까지
지켜볼 것이라고
손가락 걸고 약속하지 않아도
바라보는 내 눈빛은 이미 그렇습니다

꿈을 이룰 수 있는 현서야
꿈을 이루거든 또 다른 꿈을 꾸거라
행복은 너의 꿈에 있단다

아빠 딸로 태어나줘서 고맙고 많이 사랑해~

짝사랑

그대 등 아래
그대만 바라볼 수 있다면
난 꽃대라도 좋습니다.

당신의 마음 한켠
꽃잎이 될 수 없음을
꽃을 지탱할 수 있으면
난 꽃대라도 좋습니다

잃어버린 친구 경철이

서로를 볼 때면
이유 없이 환하게 웃는 친구가 있었습니다
거짓 없는 어린아이의 눈동자처럼
항상 그렇게 바라보고 바라봐주는
그런 친구가 있었습니다

가슴으로 친구를 담고 삽니다
머릿속에 친구를 그리며 삽니다

힘이 들 때면 항상 잡아주었던 손
진심으로 따뜻하게 바라봐주었던 눈

친구가 있어 행복했습니다

이젠
작은 서랍 속에서 희뿌옇게 변해있는
한 장 남은 친구 사진

친구는
이유를 모른 채
내 마음에 아픔이 되어 남아버렸습니다.

나쁜놈 입니다
지금까지의 삶에
나를 이렇게 아프게 한 놈은 없었습니다.

보고 싶은 친구 경철아
어디선가 숨 쉬고 있거든
뒤에서 슬금 슬금 다가와
내 눈 가리고 문득 다가와 주렴

깜짝 놀라기 전에
눈물부터 흘릴 테니

그리움이 깊어지면 추억이 된다 1

마음을 움직인다는 것은
작은 것에서 시작됩니다

추억 속에서 그리움으로 싹터
아련히 눈으로 다가올 때가 되어서야
책갈피가 되어 마음속에 남듯
무엇 하나 소중하지 않은 것은 없습니다

그리움이 깊어지면 추억이 된다는 것
그리워하다 미워하다
그 또한 추억이 되어버리는 것

아픈 기억들도 추억이 되어버리는
기쁜 그리움도 추억이 되어버리는
별다른 것도 아닌데
그것을 먹고 살 듯 되새김 합니다

반복되는 지난날의
추억 그리고 그리움

그대를 사랑한다는 것은
숨겨 내지 못하는
그리움과 추억이 너무 많아
숯이 되어 그 자리에 서 있게 합니다

그리움이 깊어지면 추억이 된다 2

그리움이 추억처럼 쌓이면
힘에 겨워 흩어져 버릴지 모릅니다

그리움이 추억처럼 쌓이면
가슴에 멍이 되어 지우지 못할
화석이 될 수 있습니다

깊어질 수 있다는 것은
상처로 남을 수 있어 너무도 조심스럽습니다

그리워할 수 있다는 것은
남겨진 사람만이 할 수 있는
깊어질 수 있다는 것은
작은 기억이라도
돌아볼 수 있는 사람만이 할 수 있는

나에게 만약 그리움이 허락된다면
내 가슴에 멍이 새겨지더라도
지우지 못할 화석이 되더라도
깊어진 추억이 된 그리움을
오래토록 간직하고 싶습니다

아들바위*

돌 틈 사이로 헤이는
밤 하늘빛은
수줍은 눈빛의 첫사랑

좁은 공간은
또렷한 돋보기가 되어
설레이듯 한번 더 눈이 간다

서로를 바라보는 틈
심장이 되어
서로의 마음을 비빈다

*강원도 강릉시 주문진읍 아들바위 공원

바다와 별

어둠이 바다를 끌어안는다

노을이 질 무렵
바다의 태양은
밤의 거울이 되어
어둠을 마주한다

작은 눈에 모두 담으려나
흩어진 별들을
어둠이 쓸어 모았다

바다가 품어야 할 별

빛이 되어 살아온
수명을 다한 별똥별이
바다의 돌이 될 때
바다 한구석
작은 빛이 될 수 있으면 좋으련만

아버지의 기억

구부린 허리
얼굴보다 등이 먼저 보인다

아랫목에 눕지도 않으시며
땔감은 그리도 많이 하셨지

학교를 다녀본 적 없으신
한글도 다 읽지 못하시던

그치지 않는 소나기
툇마루에 걸터 앉아계시다
손에 삽자루 들고 물꼬를 트러 가시던

육 남매 입만 보면 쉴 수도 없으셨겠지

자전거에 싣고 있는 것이
무거운 짐이 아닌 삶의 무게였을

얼굴과 손등의 주름
막내아들 얼굴 볼 때만 펴지던

화롯불 속에 군밤이 익어갈 때
조용히 막내아들 입에 서둘러 넣어주시던

아버지
그립습니다. 보고 싶습니다

고백

애타는 속은 입이 있어도 말도 못 하는
허접한 변명에 부끄러워
또다시 꿈속으로 숨어야 하나

텅 빈 가슴으로 돌아섰던 모습에
기다린다 말도 못 하는
그 마음을 당신은 얼마나 알고 있나요

멀리 있어 들을 수도
가까이 있다고 볼 수 없는
그렇게 모른 척하기엔
꿈속에서 밖에 말 못 하는
찢어진 가난한 마음을
어찌 스스로 감내하면 될까요

참 욕심쟁이입니다
하나도 내어주지 않으면서
모두 가져가 버린 당신은

미워할 수 없는 욕심쟁이입니다

겨울과 이별할 때

길었던 겨울의 차가운 이야기들은
먼 옛날 추억이 되어버린 채 떠나고

차마 외로워 혼자 오지 못해
꽃내음 앞세우고 다가오는 봄은
떠나는 겨울의 아쉬움을 토닥이며
살며시 위로한다

첫눈의 설레임
시리도록 세차게 불었던
코끝 쎄한 겨울 향기

매화꽃이 필 즈음
봄을 앞세운 겨울의 이별

봄의 길목에서 겨울을 보낸다

겨울바다

그리운 건 내가 아닌 바다
파도 소리 정겨이 그대로인데
소란스럽던 발자국들은
어느새 기억만큼 멀어졌다

모래를 부수고 다시 가져다 놓고
오랜 세월에 지루하지도 않다

그만두라고 말해도
돌아가는 내 모습처럼 너도 그렇다

수없이 흩어진 발자국들
겨울 바다는
나처럼 그냥 외롭진 않은가 보다

제 3부

인생 그리고 해탈

인생의 반환점을 돌다보니
물한병 주더이다
어찌나 갈증이 나던지
한번에 들이키다
길 옆
꽃이 있기에 조금 나눠줍니다.

나라는 이름으로

지금까지의 삶에
'나'라는 이름으로
수없이 많은 날을
'나'를 기다리며 살았건만
주머니를 뒤져보니
나오는 건 거짓, 욕심, 가증

더 이상 지체할 수 없는 억누름에
눈물로 목을 축이고
또 다른 나로 다가서기 위해
적어도 오늘은 살련다

'나'라는 이름으로

만경의 가을

쉬~~
겨울을 재촉하는 가을바람
<u>코스모스</u> 허리가 휜다

세어보지 못한 세월동안
<u>흐르고 또 흐르던</u>
지나간 것은
물이나 가을이나 같을진대
물은 바다로 흔적을 남겼지만
가을은 지나가 버리면 그만인 것을

키 작은 코스모스
바람에 향기를 얹혀
내 코에 가을의
흔적을 남기려 한다

시계

갈 곳 모르니 같은 자리를 돌고 돈다
정해진 곳이 없다 보니 한결 편한 마음이지만
부질없어 보인다

밤과 낮이 어디 있겠는가 같은 숫자일 뿐

오르막 내리막을 돌고 돌다 보니
가끔은 배고플 때도 있지

멈춰 쉬어간다 해도
조금 늦게 간다 해도
그대가 답답할 건 없지 않은가

째깍거리는 수다.
밤이 되어서야 그대의 수다를 들어 주더군

어떤 이는 멈췄으면 좋겠고
어떤 이는 빨리 돌길 바라지

미안하네

난 당신이 흙으로 돌아가야 멈추고

서두르면 흙으로 돌아가는 시간이 빨라지는걸

욕심

뿌리에 맺힌 이슬만큼이나
절박했던 순간

한 자락 희망이었겠지

그늘 밑에 풀이 커가는 건
서 있음으로 얻어지는
태양의 따사로움이 사치스러운 욕심일 거다

부족함이 없다는 건
남기는 법도 모르는 애송이

가시밭으로 간다고 해도
뿌리에 맺힌 이슬을 핥으며
목이라도 축이면 되지

한 모금의 물에 자만하지 않았나
가고 또 가면 돌아올 수도 없는 것을

홀로 가는 길이 힘들지 않으려면
욕심부터 지우면 될 것을

이루고 나면 이룰 것이 없기에
한 페이지씩 써 가면 될 것을

삶과 죽음

태어나는 방법도
죽을 수 있는 방법도
나는 모른다

숨을 쉬는 것 빼면
아무것도 살아있음을 증명할 수 없는데
그것마저도 육체의 구속을 받고 있으니
내가 살아 있다고 말할 수 없다

화장터에서
나무토막이 되어버릴 내 육신
헐벗지 않고 지내면 되려나
온갖 욕심에 사로잡혀
죽음을 서두른다

살려고 사는 건지
죽으려고 사는 건지
답을 주는 이 없는

살면서
적어도 죽음에 대해서 두려워하지 말자
목적도 모르는 삶이
그대를 바라볼 테니

비 내리는 시골에서

처마 아래 떨어지는 물방울
가지에 맺힐 틈 없이 흐르는
방울이 되지 못해 투명하게 떨어지는

마른 대지는 두 손 벌려 마중 나간다

하늘 보던 농부의 표정
삽 한 자루 장화 한 켤레
철퍽이듯 서두른다

날개가 젖어 날 수 없는 새 한 마리
배고픔에 하늘을 보고
모여든 물방울들은
처마 밑 샛강을 이룬다

고양이 한 마리
빗소리에 걱정 없이 잠이 들고
굴뚝 없는 시골 마을엔
소리 없이 한참이나 비가 내린다

어머니(시조)

흘러간 세월 속에 흰머리 늘어가도
정화수만 덩그러니 빌은 건 자식 기도
화단에 꽃이 되고파 피고 지는 어머니

내 인생도 있을진대 이룬 건 하나 없고
자식 입에 넣어줄 꼭지 달린 곶감 하나
입가에 미소 지으며 자식 얼굴 그리고

지천명 자식 걱정 여든까지 하려나
어머니가 그리워 시골집에 가보니
성한 곳 하나 없어라 힘없는 노인만

피어난다면

행복한 꽃은 가슴에서 피고
불행한 꽃은 기억에서 핀다

꽃이라고 부르던 날
저편 흐린 지난날에
추억의 물을 주리라

피었던 꽃이 시들어
씨앗만 남아
기억에 씨를 뿌릴지
가슴에 심을지

숨어있는 나를 찾아
호미 한 자루 꺼내들고
한켠 후미진 곳에
부끄럽지 않은 행복의 꽃씨를
심고 피우고 싶다

행복이란 꽃이
이름을 얻는 날에

꽃 잎

스쳐 흘러간 꽃잎이 힘없이 흩어진다

꽃잎은 바람이 밀어낸 것일까
아님 바람을 따라간 것일까

먼 길을 떠나는 것도 아닌 것을
오래도 매달려있었다

나무를 그리워하기엔
떨구는 내 모습이 초라해 보이고

긴 기다림에 몸을 맡기며
바람을 따라 시간여행을 하려니
새벽에 맛보던 이슬이
너무도 그리워진다

꿈

터널을 달리다
끝이 보일 즈음
밝음 사이로 조그만 세상이
눈 속으로 스며 온다

간절한 바람들이
어느덧 눈 감으면 찾아오는 엉뚱함

눈을 뜨면
기억하지 못하는 시간
혹여 기억한다 해도
추억이 될 수 없는 것들

한순간의 꿈
마음 한구석에 떠올림이 되었을
어쩌면
지난 세월에 발자국만 남겼다

어둠 속에서
속내를 감추려
뜬 눈으로 하얗게 보낸다

낙엽이 된 단풍

그곳에 서 있길 잘했다

시간이 가까이 있어
내일은 더 짙어질

내 눈에 떨어진 낙엽 한 장

그 또한 인연이란 걸 알기에
떨어지는 아쉬움보다
만남의 기쁨이 큰 것을

널 만날 수 있어
그곳에 서 있길 잘했다

밤낚시

행여 그대 오시려나
찌 불 바라보는데
외로운 등대인 양
자리에서 망부석이 돼 버렸네

개구리 울음소리를 벗 삼아
까만 밤을 지새우니
바랬든 바라지 않았든
솟구치는 찌불에
그토록 그리운 님 만났네

만나고 기다리고
만나고 기다리고
평온한 물 바라보며
언제 그랬냐는 듯
기다림의 끝은 없네

물속은 내 마음인가
님 또한 물속에 있으니
만난다는 설렘은 사랑 같은 것
님을 만날 때마다
내 손이 설레이네

닭

날개가 있기에 날아가고 싶다
짧은 순간 허공을 떠돌더라도
힘껏 날갯짓 하고 싶다

자유를 느끼고 싶다

날지 못한 것의 억울함을
나보다 높은 나무 위에서
목이 터져라 외치며
새가 되어 천하를 둘러보리라

닭장 속 친구들아
날개의 기억은 어디 가고
날 수 없다고 빈 날갯짓만 하는가

달걀에서 그대들이 되었듯
분명 새가 될 수 있음을
지구의 중력도
날개를 이기지 못한다는 것을
왜 알지 못하는가

찢어버린 사진

그 속에 숨기려 했던

얼마나 지났을까?

먼지가 쌓여도 선명한 사연
묻고 묻어 적셔져버린

지우개가 있다면
사진을 찢기 전에
아픔부터 지워 버려야겠다

산책

아무도 가져갈 수 없는
이 시간이 너무도 좋다

흔들거리는 망초대
노란 속내에 담겨 있던 풀 내음

향기 따라 소나무 가루 덮어쓰고
풀잎이 투덜거리던

저수지 끝 무렵 발 닿는 산책길엔
고양이 한 마리 친구 되어 걷는다

지금 머물지 않았다면
이 시간마저 내겐 허락되지 않았을

소란스러웠던
어제의 기억이 부질없어진다

흔들거리는 꽃잎의 몸짓
마음의 시가 되어
가슴 한켠 내 속에 담아낸다

밤을 걷는다

밝은 달빛은 아침이 낯설어
까만 밤에 기대고
달맞이꽃은 향기를 뿌리에 넣고
까맣게 그을린 밤에 조금씩 내뿜는다

밝은 별은
차라리 많지나 말지
어두운 밤을 밝히지도 못한 채
너스레를 떤다

베개 하나를 꺼내어 어둠에 기댄다
눈 감지 않아도 깊어지는 어둠의 시야
달빛이 무리를 만들어 손을 잡아 끈다

엘리베이터 속의 거울

거울에 비친 모습
매 순간이 낯설다
준비해 본 적 없는 세월의 흔적
미리 알았더라면
어색하지 않았을 것을

흘러온 세월의 물골이
눈 옆에 선명하게 자리 잡고
흰머리는 따뜻한 겨울이고 싶어한다

늙어가는 줄 모르고 살았으니
열심히 살았구나

기억은 젊음에서 멈추지
거울만 보지 않는다면
멈춘 젊음에서 한평생 보낼 수 있겠지

혼자일 때 외로운 것이 아니다
그저 바라보고 있는
내 눈이 외로운 것을

지나간 세월이야 어쩔 수 없지
십 년 후 또 다른 내 모습에
어색하지 않으면 되지

숲길 따라

발자국 남기며 느낄 수 있는
소리마저 들리지 않는
귓불에 스치는 산 이야기
잠들어 버린 어깨 툭 건드린다

깊은 소용돌이에서 벗어나
하찮은 자의식에서 벗어나
귓가에 들려오는 발자국 소리가
소리 없이 나를 흔들어 깨운다

수없이 흘러간 나날들
거침없던 발걸음
조심스럽게 옮기며
어디엔가 있을
또 다른 나를 떠올리며
숲으로 나를 밀어 넣는다

제 4 부

과거 그리고 현재

복사기에 얼굴을 가져가면
까만 얼굴이 나옵니다.
과거는 현재의 거울이죠
낯설다면 거짓 인생을 산 것이고
웃음이 난다면 그래도 잘 살아 온 것 아닐까요?

들꽃

잠시 쉬어가려 앉은 자리
비와 바람이 머물게 하고
잠든 사이 뿌리를 내려
물 한 모금 마시면
들꽃이라는 이름을 얻는다

서두를 필요 없다
홀연히 피어 있는 꽃도 좋지만
어우러지듯 피어 있는
잡초 속의 들꽃도 좋다

빗물에 흘러가는 홀씨
좁은 빈자리 내어주어
들꽃에 이름 지어 주리라

바다를 보며

추억을 머리에 기대고
멀지 않지만 멀리 보이는
넓은 바다를 마음에 담는다

쉴 틈 없이 밀려오는 파도에
작은 인생 하나 비추어 보고
끝없는 고통의 현실을 파도에 빗댄다

깨알같이 부서지는 파도
힘들었던 지난날의 고통들도
부서지는 포말과 같은 것

깊을수록 검푸른 바다
작은 시련에 힘들어하는 이들을
바보로 만들어 버리고

바다 위 조그만 바위섬은
홀로서야만 한다는 것을
넌지시 얘기해 준다

갈대와 호수

제멋대로 흔들려선 볼품없어
그냥 몸을 맡기면 돼

보는 시선이야 너의 맘이지만
호수를 바라볼 땐 여유를 가져보렴

새들의 노랫소리는
마음으로 듣고
파란 하늘은
눈으로 보고

흔들거리는 호수의 물결은
흘러가는 시간들에 대한
어쩌면 추억이 되겠지

가끔 클래식 선율이
너의 몸을 감아오면
지긋한 눈빛으로 함께 흔들거려 보렴
서 있는 지루함을
잠시 잊을 수 있게

갈림길에서

솔직히 모르겠다
내가 어디를 갈 수 있는지

가본 적도 없다
하지만 멈추지도 않았다

길잡이가 된 갈등
한쪽을 선택하며 지났건만
남은 갈등이 더 많다는 것을

주저앉아 쉬어 갈 때
또 다른 갈등이 눈보다 먼저 앞선다

겨울 길목에서

코끝 아린 차가운 공기
따뜻한 온기를 기억에서 찾고
함박눈이 소복하게 내릴 땐
먼저 포근하다

떨어져 버린 앙상한 나무
찬바람이 매섭게 할퀴지만
나무는 항상 겨울을 맞이하고 보낸다

별들이 초롱하게 밝힐 때서야
겨울밤이 깊었음을
지새우기엔 밤이 너무 길다는 것을

마치
어린 시절 군불에 기대했던 따뜻함보다
아랫목 청국장이 먼저 서두르는 겨울 길목

알몸 드러낸 나무들이
함박눈 옷을 입을 즈음에서야
겨울의 깊이를 재어볼 수 있으려나

비워진다는 것은

비워진다는 것은 채우려는 욕심보다
남겨 놓는다는 여유
채우려 할수록 더 없는 쓸쓸함에
공허한 날갯짓으로 남겨질 것을

눈 시는 바람은 어딜 채우려나
허둥지둥 곧게 가질 못하고
숲을 채우려 떨어지는 낙엽
바람보다 여유롭다

비어있다고 슬프다면
차라리 채우고 싶지 않다

한쪽 귀퉁이라도 남겨 놓는다면
어느새 채워져 있겠지

닭장

그토록 절실할 수 있을까
마주한 닭의 눈빛에
미안한 마음 던져 본다

닭장의 작은 공간
삶에 머무를 수 있는 마지막 공간
하찮다 말할 수 없다

머리를 꺼내
마지막 세상을 둘러보고
몇 분일지도 모르는 남은 생을 돌아보니
그것마저도 눈물이 앞을 가려
보이지 않는다

걱정(시조)

속이 탄들 무엇하랴 나만의 걱정인걸
기다리지 아니해도 반드시 올 것인데
걱정이 걱정을 낳고 얻은 것이 없다네

밤을 새워 집을 짓고 열 번을 부숴봐도
답 없는 시간들에 까만 밤만 지새우는
내 것이 아니될꺼면 걱정한들 내꺼냐

눈가엔 두려움만 볼 것을 보지 못해
시간이 흘러보니 괜한 걱정 하였구나
어이구 잠만 못 자고 헛웃음만 나더라

자서전

마음대로 할 수 있었던 것들을
손가락으로 세어야 하나

굽이친 지난날에 심어 놓았던 꿈들
책장 넘기듯 한세상 펼쳐보니
허공에 떠 있는 구름과도 같더라

가진 것 없으니
남은 것도 없으려나
빈손에 들고 있는 육신은
하얗게 늙어 가고 있다

숱한 날갯짓에 떨어지지 않고
발이 손이 되게 뛰고 뛰었으니
구름 같은 꿈도
늙어 버린 육신도
살아 창피하지 않으면 되지

눈을 뜨면

하루를 시작하는 새벽녘
기억 속에 눈을 가져간다

지나간 시간은
넝쿨이 되어 이야기를 만들고
거름이 되어 눈을 뜨게 한다

어제인 양 떠오른 밝은 미소
가슴을 울리는 한 마디들
팔에 기댄 채 느끼는 얼굴의 따스함
새벽녘 떠오른 향기

가지에 매달린
꽃인지 모를 솔방울만큼이나
숱한 지난날들이
아침을 여는 알람 소리가 된다

배부른 돼지

입가에 기름이 번들거린다

그럴 수도 있지

올챙이배 불룩 튀어나와
메말라 버린 갈등
허탈한 소용돌이에 발버둥 친

그럴 수도 있지
커피 한 잔에 오천원
어떤 놈인지 다시 보고 싶지 않은
수다를 떨며 보낸
누군가 훔쳐간 시간

차라리 부족할 것을

졸리다
지쳐 졸리는 것이 아닌
배부른 돼지는 항상 졸리다

간장독(시조)

콩을 뽑아 털고 줍고 똑똑한 놈 골라서
못생긴 메주 빚어 그늘 밑에 걸으니
피어난 누룩곰팡이 향 없는 꽃이구나

간장독에 하얀 꽃은 연기되어 피어나고
까만 속의 깊이를 표정으로 떠올리니
투명한 간장독에도 오색 빛은 있구나

뚜껑에 손 내미니 첫사랑 설레이 듯
오래된 친구 하나 눈으로 얻었구나
많이도 기다렸다네 그 속을 알 때까지

마리더스타*

숲길 언저리 작은 오솔길 따라
쉴 곳 없는 우리네 한걸음 쉬어가는 곳

조금은 낯선 하얀 둥지 속에서
재잘대듯 울리는 인생들의 수다

벽을 이루는 숲 사이로
모퉁이 작은 연못
목마름을 시선으로 달래주고
둘레길 작은 의자는 서두르지 말라 한다

졸졸 흐르는 시냇물은
적막을 깨우듯 부드러운 새소리와 어우러지고
조용한 클래식 선율이 발걸음을 멈추게 할 때
하얀 벚나무 버선발로 맞는다

머물다 갈 수 있어 좋다
스스로 만들어낸 만남의 골

멈출 때 보이는 나를 찾아
한동안 헤매고 자유로움에 흐느적거린다

* 마리더스타
 웅포면 입점리에 위치한 하얀 둥지 마리더스타 (카페)

소나무

거친 껍데기 하나
힘없이 떨어지면
개미는 지붕을 잃었다

변하지 않아 질려버릴지도
하찮게 보일지도

땅에 가까운 가지가 죽어
질리지 않게 장식을 하고

열매도 아닌 것이
주렁주렁 소리 없는 방울은
흔들거리는 재미에 주체할 줄 모르고
결국 이름 없이 떨어지더라

변치 않는 네 모습엔
마라톤 사랑이 어울리지
비틀거리지만 않는다면
쓰러지지도 않을 테니

칡을 캐며

내면을 감춘 파란 넝쿨의 조화
도굴꾼들이 땅을 파다 쓴맛을 본다

깊이를 모르니 당황스러워
우스꽝스러운 모습으로 땀을 닦는다

뿌리의 향과 꽃의 향
보랏빛 꽃에 깜빡 속았다

반쯤 잘라버렸지
끝까지 욕심부렸어야 했나

어깨에 짊어지고 새끼줄로 끌고
도망가는 길이 무척 힘들다

연꽃

떠있는 넌 뿌리보다 좋겠다

너의 잎은
꽃의 그늘이 될 때도 있지만
외로운 널 더 외롭게 한다

꽃이 씨앗을 품는 날
넓은 잎으로 씨앗이나 품어주렴

뿌리가 되어
다시 피어날 수 있게

| 평설 |

김대경 詩人의
「그리움이 깊어지면 추억이 된다」대한 평설

김 형 중 (시인. 문학박사)

  언어예술인 문학은 인간의 감정과 사유에 바탕을 두기에 작가의 사고(思考)와 성품을 먼저 들여다봐야 작품세계를 알 수 있다. 김대경 시인과 필자와의 인연은 5년 전쯤 사무적인 일로 우연히 만나며 시작되었다 성격이 소탈하면서도 매우 쾌활하고 솔직한 인품의 40 중반의 매력 있는 사나이였다. 또한 고등학교 시절부터 시 창작을 좋아했던 문학 청년임에 또한 번 놀랐다 그런 그가 두 번째 시집 「그리움이 깊어지면 추억이 된다」를 출간한다는 소식을 전해듣고 감상과 평설을 쓰게 되었다.

  *. 일찍이 탄허스님은 "미래에 한국에서 새로운 문명이 일어나고 한국이 세계문화의 중심국가가 되어, 세계의 문명이 한국에서 출발해서 한국에서 꽃을 피우게 될 것이다."라고 예언했다. 21세기는 대중예술과 문화가 꽃피우는 전성시대

다. 아름다운 문화는 개인적인 삶을 풍요롭게 할 뿐만 아니라, 한 국가의 격과 품위를 높이고, 소득과 매력을 증대시키는 원동력이다. K-pop, K-드라마, K-의류, K-뷰티, 세계가 K-문화로 들끓고 있다고 해도 지나치지 않으리라. 탄허스님은 6.25 발발의 년월일시에서 새벽 5시에 일어난다는 시간까지 정확하게 맞추었다고 한다. *

자연과 사람에게 빠져버린 상쾌한 시인 김대경의 시 세계는 자연을 사랑하고 사람을 좋아하는 감성이 작품마다 예리하게 드러나 있었다. 먼저 깊은 감성을 드러낸 '채석강'을 감상해보고자 한다.

  사연은 켜켜이 돌이 되고
  머무를 수 없는 건 파도가 조금씩 가져간다.

  어쩌면 좋을까
  시커멓게 타버린 구슬픈 사연
  위로받지 못한 너를 태양이 어루만진다

  닳고 닳아진
  파도가 가져가지 못한 사연

  어쩌면 좋을까
  갈매기한테나 들려줘야지

이 시의 제목인 '채석강(彩石江)'은 전북 부안군 변산반도 국립공원에 있는 '바다 강'의 명칭으로 당나라 때의 시선(詩仙)이라 불리우던 이태백이 술을 마시고 시를 지으며 놀았다는 중국의 채석강과 비슷하다고 해서 붙여진 이름이다. 돌이 층층이 쌓여 있어 아름다운 경치와 기묘한 형상의 바위가 조화를 이뤄 천연기념물 제28호로 지정되었다.

　-사연은 켜켜이 돌이 되고/ 머무를 수 없는 건 파도가 조금씩 가져간다.-
　매층마다 사연을 안은 채, 쌓인 돌 층이 차곡차곡 포개진 모습을 가끔 파도가 찾아와 조금씩 조금씩 앗아간다고 했다. 철썩대는 파도 소리에 명상의 시간을 깨우는 파도와의 얽힌 사연이다. 김 시인은 자기만의 감정으로 채석강의 서정을 읊었다. 차곡차곡 쌓인 돌들이 마치 책을 쌓아 놓은 것처럼 질서 있는 모양의 아름다운 채석(彩石)이다.
　-어쩌면 좋을까/ 시커멓게 타버린 구슬픈 사연/ 위로받지 못한 너를 태양이 어루만진다. -
　깊은 사연을 안은 여인의 새까맣게 타버린 가슴앓이를 그 누가 알까, 혼자 가슴 깊이 간직한 사랑의 애환을 가끔 누군가 위로를 해주고 있는데 그는 바로 따사로운 태양이었다.
　-닳고 또 닳아진/ 파도가 가져가지 못한 사연/ 어쩌면 좋을까/ 갈매기한테나 들려줘야지 -
　2연에서도 탄식을 했던 '어쩌면 좋을까.'를 4연에서 또다시 반복으로 안타까움을 강조했다. 하늘을 날면서 인간 곁으로 먹이를 찾아 날아드는 갈매기에게나 하소연을 해보겠다.라고 하는 심정의 발로(發露)다. 작가의 섬세한 터치가 얄밉도록 감상적인 작품이라 할 수 있다.

 같은 언어인데도 시에 쓰인 시어와 일상에 쓰이는 언어의 색깔은 그 느낌이 다르게 나타난다. 즉 詩 속에 녹아든 농도에 따라 다르다는 얘기다.

   이 사람아
   말 못할 것이 뭐가 있겠나
   당신이 못한 말
   내가 먼저 알지 못해 미안하네.

   매화꽃이 피어날 때
   필연처럼 내게 친구가 되어
   삼십 년 서로 바라본 우리가 아닌가

   이 사람아
   먼동 트는 새벽부터 찾아오지
   해떨어진 저녁에나 왔는가

   모두 가져가 주지 못해도
   속이라도 후련하게
   썩은 속 나눌 수는 있지 않겠나
      - 「친구에게」의 전문 -

현대를 살아가는 누구나 삶을 위한 혼돈의 삶을 끌고 가는 전사들이다. 숨이 턱까지 차오른 극심한 고민을 안고, 불안과 공포의 거친 시대를 치열하게 살고 있다. 이런 사회일수록 마음을 열어 인생을 함께 할 수 있는 친구 셋만 옆에 있으면 성공한 인생이라 했다. 생사까지는 아니더라도 고민이나 즐거운 일이 있을 때, 언제라도 소주잔 앞에 놓고 가슴을 열 수 있는 사람 두서너 명만 주위에 있다면 그는 행복한 사람이리라. 영악한 21세기인데도 그런 친구를 옆에 둘 수 있을까. 그렇다면 '당신은 지금까지 누구의 친구로 살았을까?'

참된 우정이란 뒤에서 보나 앞에서 보나 변함이 없어야 한다. 앞에서 보면 아름다운 '장미꽃', 뒤에서 보면 뾰족한 '가시'였다면 상대의 입장에선 어땠을까. 세상 모든 인간은 만나보면 작아진다. 라는 유태인들의 격언을 다시 생각해보자.

코흘리개 시절의 친구는 평생을 함께 간다. 멋모르고 그저 좋아만 했던 감정이 삶의 풍파를 겪어가면서 어머니 다음의 자리를 잡고 가슴 속에 자리 잡아가는 게 '친구'라는 단어다.

- 이 사람아 / 말 못할 것이 뭐가 있겠나/ 당신이 못한 말/ 내가 먼저 알지 못해 미안하네/-

가장 평범한 시어로 가장 따뜻한 우정을 표현한 구절이다. 친구라면 마음에 고민거리를 담아두지 말고 함께 머리를 맞대고 해결책을 찾아보자는 따뜻한 정이 깊은 우정이다.

3.4행에서 네가 못다한 말을 내 먼저 알아채지 못해서 미안

/평설/

하다고 했다. 다시 말해 친구라면 눈빛만 봐도 속마음의 뭔가를 알아내야 하는 게, 친구라 할 수 있는 우정의 가치이다. 살아가는 과정에서 이런 친구를 당신은 몇 명이나 옆에 두었을까요.

2연에서는 절개의 상징인 '매화'와 삼십 년 쌓아온 우정을 함께한 친구를 비교했다. 십 년이면 강과 산이 바뀐다고 했다. 하루가 다르게 변모하는 세상에서 기나긴 삼십 년을 희비와 고락을 나누며 살아왔다면 혈연보다도 더 끈끈한 삶의 동반이다.

3연에서 반복한 -이 사람아-의 부름은 얼마나 다정한 호칭인가. 정이 진하게 묻어나 있다. 그런 일이 있으면 새벽이면 어떻고 밤중이면 어떤가? 잠 못 이루고 뒤척이면서, 혼자서 애만 태우다가 이제야 찾아왔느냐고 투정이 섞인 서운한 말투 같지만 내면에는 더할 나위 없이 눈물이 나도록 따뜻한 말이다. 이게 바로 사람 냄새가 찐하게 우러나는 한국의 정서다.

4연에서는 - 속이라도 후련하게/ 썩은 속 나눌 수는 있지 않겠나.-

자네의 고민을 내가 가져올 수는 없다 하더라도 막걸리 잔을 곁들이면서 찌꺼기를 걸러버린다면 마음 편해져 후련하지 않았을까 하는 친구다운 친구의 모습을 보여 주었다. '썩은 속 나눌 수는 있지 않겠나.'의 표현이 얼마나 아이러니한가. 절묘한 시어의 선택이라 볼 수 있다. 신라 때 '임금님 귀는 당나귀 귀' 라고 대나무 숲에서 큰소리로 외쳤던 이발사의 절규가 속병을 낫게 했다는 고사를 연상케 한다.

세상에서 가장 아름다운 단어가 어머니, 사랑. 연인, 친구라 했던가. 어느 격언에 '적이 한 사람도 없는 사람은 친구도 가질 수 없다.'라고 했다. 무척 의미심장한 알프레드 테니슨(영국의 계관시인)의 명언이다. 진정한 친구라면 귀에 거슬린다고 하더라도 때로는 충언도 서슴치 않아야 한다. 그래야만 우정이 오래 지속된다고 했다. 달콤한 말은 듣기에는 좋으나, 뒷맛이 씁쓸하지만, 진실된 말은 그 자리에서는 서운할 수도 있으나, 훗날에는 내 마음을 움직이게 하는 계기를 만들어준다.

「장미」

잎이 푸르니 꽃이 더 붉다.
꽃이 되고 싶었던 가시는
듬성듬성 줄기를 나누어 가졌다

굴곡진 사연은 넝쿨이 되고
그마저 허락되지 않은 사연은
땅 아래 자리를 튼다. .

神이 장미를 처음에 만들었을 때, 비너스의 아들인 사랑의 신 큐피드는 장미꽃을 보자마자 너무나 사랑스럽고 아름다워 욕정을 참지 못하고 키스를 하려고 입술을 내밀었다. 그러자 꽃 속에 숨어있던 벌이 깜짝 놀라 큐피드의 입술을 쏘아 버렸다. 이를 지켜본 여신 비너스는 큐피드가 안쓰러워 벌을 잡아 침(針)을 빼내어 장미 줄기에 꽂아두었다. 그 후에도 큐피드는 가시에 찔리는 아픔을 마다하지 않고 여전히 장미꽃을 사랑했다고 한다. 장미꽃의 색깔은 하얀색, 붉은색, 분홍색, 노란색, 파란색, 오렌지색, 등으로 다양하며, 꽃말은 빨간 장미는 욕망, 열정, 아름다움을 하얀 장미는 존경, 순결, 매력, 분홍장미는 맹세, 행복한 사랑을 노란 장미는 질투를 파란 장미는 불가능을 의미한다고 한다.

 김 시인은 꽃을 좋아하는 감정이 넉넉한 사람이다. 꽃을 좋아하는 사람치고 악한 성정을 가진 사람이 없다고 했다. 그래서 항상 밝은 성격으로 사람들과의 소통을 좋아한다.
 '장미'란 제목으로 쓰인 시는 간결하면서도 장미가 가진 모든 것을 함축해서 표현해냈다.

 -잎이 푸르니 꽃이 더 붉다/ 꽃이 되고 싶었던 가시는/ 듬성듬성 줄기를 나누어 가졌다.-
 미세한 색감과 질감을 인용해서 시각의 효과를 나타낸 첫 행은 푸르름을 부상시켜 꿈을 품은 화려한 영화를 보는 느낌이다. 아름다운 꽃이 되고 싶었건만 소원을 이루지 못한 앙갚음으로 사람들이 다가오는 것을 거부하는 '가시'가 되어 장미 옆에 기생해서 사나움을 부린다.
 -굴곡진 사연은 넝쿨이 되고 / 그마저 허락되지 않은 사연은 / 땅 이래 자리를 튼다.-

사람이 살아가면서 최선을 다해 노력했건만 운이 따르지 않았거나, 능력이 부족해서 소기의 목적을 이뤄내지 못하는 경우를 우리는 허다하게 보아 왔다. 그리고 싶었던 호랑이를 그리려다 고양이를 그려내는 것처럼 '장미'의 2연에서는 굴곡진 사연을 안고 못다한 꿈을 포기해버린 채 넝쿨이 되었다고 쓰라린 감정을 읊었다.

　메마른 땅 위에 폭우가 쏟아지면 빗물은 땅에 스며들지 못하고 아래를 향해 쏜살같이 흘러가 버린다. 그럴 때마다 가뭄으로 푸석거리는 논밭을 바라보던 농부는 서글픈 심정을 하소연할 길이 없어 담배 연기만 하늘에다 날려 보낸다. 장미꽃에 새겨진 아픈 사연은 무엇이었을까. 하소연할 길이 없을 때 그가 선택하는 길은 어떤 길이려나. 차선책으로 선택한 최후의 길마저 막혔다면. 모든 것을 포기하고 땅밑을 선택하는 그 심정은 오죽했으랴?
　흙은 모든 생명의 온상이요 보금자리다. 흙 아래 자리를 트는 그 생명은 때가 되면 다시 생명의 숨소리를 내면서 솟아오를 것이다. 장미에 얽힌 사연은 아름다움을 지켜주는 가시도 함께한다. 가시가 꽃 옆에 웅크리고 있었기에 아름다움을 오래 지킬 수 있었으리라.

/평설/

「짝사랑」

그대 등 아래
그대만 바라볼 수 있다면
난 꽃대라도 좋습니다.

당신의 마음 한 켠
꽃잎이 될 수 없음을
꽃을 지탱할 수 있으면
난 꽃대라도 좋습니다.

「짝사랑」은 대명사인 상사화(相思花)를 연상케 한다. 상사화는 8월에 꽃대가 나와 길이 약 60㎝ 정도로 자라며, 4~8개의 꽃이 달린 우산 모양의 꽃차례가 발달한다. (※꽃차례-꽃이 가지나 줄기에 붙어 있는 상태) 상사화는 꽃은 피우지만 열매를 맺지 못하며, 특징은 꽃이 필 때는 잎이 없으며, 잎이 있을 때는 꽃이 피지 않으므로 꽃은 잎을 생각하고 잎은 꽃을 생각한다고 해서 그리움으로 일생을 가슴앓이만 했기에 상사화라 했다고 한다. 꽃말은 이루어질 수 없는 사랑, 순결, 순수한 사랑의 이미지를 안고 있다. 매년 9월 하순부터 10월까지 전남 영광의 불갑사나 전북 고창의 선운사에서 상사화 축제가 열려 관광객들의 가슴을 아리게 한다.

-그대 등 아래 / 그대만 바라볼 수 있다면 /난 꽃대라도 좋습니다. -

인간은 망각의 동물이다. 좋은 기억은 추억이라 부르며, 오래오래 지속되기를 원하나, 대개는 72시간 이후에는 기억이 가물가물해진다. 인간에게서 그리움이란 평생을 안고 가는 짝사랑이다. 어머니에 대한 그리움, 연인에 대한 그리움, 친구에 대한 그리움, 가족에 대한 그리움, 스승에 대한 그리움 등 우리는 일생에서 한 번만이라도 만나고 싶은 사람, 너무나 그리워서 꿈에라도 한 번쯤 보고 싶은 사람이 누구나 있을 것이다.

그대를 바라만 볼 수만 있다면 나는 행복하다는 간절함이 묻어나는 2행과 3행에 절절하게 새겨있다. 소신이 분명한 인간은 삶과 죽음의 갈림길에서도 자신이 추구하는 가치를 선택한다고 했다. 그리움에 흠씬 젖어 들다 보면 어떤 어려움이라도 견뎌내리라. 그저 옆에만 있을 수 있다면 그 행복한 감정은 어디에도 비교할 수 없음을 노래한 애절한 드라마를 연상케 한다.

-당신의 마음 한 켠/꽃잎이 될 수 없음을 /꽃을 지탱할 수 있으면 /난 꽃대라도 좋습니다.-

사랑하는 사람을 위해서는 어떤 수모라도 불사하겠다는 강한 의지의 표출이다. 그리움은 언제나 심한 갈증과 고통이 따르지만 이겨낼 수 있다는 지고지순한 의지를 상사화의 '순수한 사랑'이라는 이미지로 형상화했다.

3~4행에서는 당신의 옆에서라도 당신의 지킴이가 되겠노라는 순결한 사랑의 발로다. 이광수의 소설 '꿈'에서 '달례'를

/평설/

사랑한 '조신'이 일상에서 이루지 못한 짝사랑의 소원을 염불하다가 잠들어버린 꿈에서라도 이뤄내는 지극한 짝사랑 이야기가 떠오른다.

★.그리움이 깊어지면 추억이 된다.★.

그리움이 추억처럼 쌓이면
힘에 겨워 흩어져 버릴지 모릅니다.

그리움이 추억처럼 쌓이면
가슴에 멍이 되어 지우지 못할
화석이 될 수 있습니다.

깊어질 수 있다는 것은
상처로 남을 수 있어 너무도 조심스럽습니다.

그리워할 수 있다는 것은
남겨진 사람만이 할 수 있는
깊어질 수 있다는 것은
작은 기억이라도 돌아 볼 수 있는 사람만이 할 수 있는

나에게 만약 그리움이 허락된다면
내 가슴에 멍이 새겨지더라도
지우지 못할 화석이 되더라도
깊어진 추억이 된 그리움을
오래토록 간직하고 싶습니다.

작가의 감정을 축약시켜 독자들의 심금을 울리려 한다면 그 시어 속에 담겨있는 애절함이나 순수의 눈물을 자아내게 하는 시적(詩的) 표현능력이 풍부해야 한다. 그래서 시는 감동이 있어야 하고, 그 감동이 오래오래 기억되도록 기쁨이나 자극을 주어야 한다. 그렇기 때문에 좋은 시는 세상의 어떤 보석보다도 더 가치가 우선하는 평가의 개념으로 승화되는 것이다.

그래서 당송팔대가의 한 사람인 중국 송나라의 취옹(醉翁) 구양수는 시를 잘 쓰는 방법으로 "많이 읽고(多讀), 많이 써보고(多作), 많이 생각하라,(多商量)"고 했다.

오래된 사진첩 속에 잠자고 있던 흑백사진 속 추억을 꺼내본다. 기억마저 가물가물하건만 마음은 울컥해진다. 수북하게 쌓인 먼지처럼 가슴 밑바닥에 저장해둔 아련한 기억들, 잊으려 했으나, 차마 잊을 수 없었던 추억을 다시 꺼내어 더듬어 갈 때 감정은 어떠할까. 스피드 시대를 살아가면서 놓치는 것들이 많을 것이다. 속도가 눈을 가려 세상을 제대로 보기조차 어렵다. 가을비가 추적거리는 날 오후, 창밖에서 머뭇거리는 기억들이 이제는 돌아갈 수 없는 그리움으로 짙게 깔린다.

「그리움이 깊어지면 추억이 된다.」의 시제는 김대경 시인의 대표작이라 할 수 있기에 이 시집의 제목으로 채택했으리라. 김 시인이 이렇게 감상적이고 로맨틱한 문학청년인 줄은 미처 모르고 있었다는 것이 조금은 미안하다. 외로움과 쓸쓸

함과 굳은 의지가 이 시의 기저(基底)를 이루고 있는 작품을 지금 감상해 본다.

- 그리움이 추억처럼 쌓이면 /가슴에 멍이 되어 지우지 못할 / 화석이 될 수 있습니다.-

시인은 2연에서 그리움이 시나브로 쌓여가다가 어느 먼 훗날에 기억들이 자신도 모르게 뇌리에서 깨어나, 그때, 그 시절로 돌아가는 데서 자국으로 남는 '가슴에 멍이 되어 지우지 못할' 시퍼런 멍이 들 만큼의 화석이 될 수도 있다고 했다, 상처의 아픔이 아물어 이제 굳어 버린 추억으로 그려진다고 은유로 정의했다.

-그리워할 수 있다는 것은 / 남겨진 사람만이 할 수 있는/ 깊어질 수 있다는 것은/작은 기억이라도 돌아볼 사람만이 할 수 있는 -

이 시의 클라이맥스라 할 수 있는 구절이다. 사람이 사람을 그리워한다는 것은 그 무엇으로도 대체할 수 없을 것이다. 그리워할 수 있는 감정은 분명 살아 있는 사람의 몫이다. 그 정도가 더 깊어져 헤어날 수 없다면 극심한 처방을 기다리는 상사병으로 변질이 된다. 이 구절은 추상적인 개념이 아니라, 현실에서 남녀노소를 불문하고 얼마든지 누구에게나 존재라 할 수 있는 현실이다.

인간에게 자아도 없고 정체성도 없다면 그건 감정이 메마른 로보트다. 그 어떤 생명과학적 지식으로도 이 지구를 가득 채우고 있는 생명의 신비와 아름다움을 느끼는 감정을 온전히 설

명할 수는 없다. 그런 아름다운 기억이 닳고 닳아서 없어질 때면 추억의 그림자는 더 또렷해진다. 인간의 기억은 육안으로는 볼 수 없으나, 그 감정만은 확실하게 느낄 수 있으리라. 이런 게 바로 사람으로 태어났다는 보람이고 증거이리라.

  작가는 5연에서 단호하게 끝맺음을 해냈다. - 나에게 만약 그리움이 허락된다면/ 내 가슴에 멍이 새겨지더라도/ 지우지 못할 화석이 되더라도/ 깊어진 추억이 된 그리움을/ 오래토록 간직하고 싶습니다.-
  시인은 끝 연을 끝 연답게 강한 의지를 보여주면서 운명처럼 새겨갔다. '만약'이라는 가정법으로 나에게 허락이 된다면 내 가슴이 시퍼런 멍으로 남더라도, 더 나아가서는 쇳덩이처럼 무거워 평생을 짊어지고 갈 화석으로 굳어진다 해도, 지울 수 없는 그리움의 추억을 죽을 때까지 새겨 두겠다는 한민족의 특징인 한(恨)이 맺혀 있는 절규로 부르짖은 맺음이었다.
  시는 단어를 열거한 문장들이 살아 움직여야 시의 맛이 제대로 깃들어진다. 주제가 살아 있는 시는 그 내용이 짧아도 시다운 맛을 안고 있다. 그래서 시를 영물(靈物)이라 했다.

    어둠이 바다를 끌어안는다.

    노을이 질 무렵
    바다의 태양은

밤의 거울이 되어
어둠을 마주한다.

작은 눈에 모두 담으려나
흩어진 별들을
어둠이 쓸어 모았다.

바다가 품어야 할 별

빛이 되어 살아온
수명을 다한 별똥별이
바다의 돌이 될 때
바다 한구석
작은 빛이 될 수 있으면 좋으련만

- 「바다와 별」의 전문

  아무리 문학작품이 인기가 없는 시대라고 하지만 인류가 존재하는 한 문학은 살아 있을 것이다. 그리고 살아 있어야 한다. 작가들 특히 인간의 감정을 노래하는 시인들은 삶의 각박함을 세상에 알려야 할 의무와 책임이 있다. 그래서 시는 영원히 존재할 것이다.

  바다에 빠져버린 별을 그려보자. 보통사람들의 눈에는 바닷물에 빠진 별들을 상상이나 해보았을까. 바다는 모든 것들을 끌어안고 받아들여 주는 너그러운 품을 가졌기에 바다(받아)라 했다. 그렇게 포근하고 평온한 것 같지만 깊은 바닷물 속은 쉼 없이 흐른다.

사람의 삶도 흐름에서 시작한다. 할아버지부터 손자까지 아래로 다시 아래로 흘러간다. 그래서 맥을 이어가는 것이다. 흐름이 멈추었을 때는 모든 것들이 단절된다. 다시 이어져 끝을 이어가는 그런 흐름이 바로 우리의 삶이다.

  시는 작가의 감정을 축약시켜 서경, 서정의 순으로 잇는다. 독자들은 그 詩 속으로 들어가 화자가 되어 이해해야만 공감대가 형성되어 좋은 작품이라고 인정한다.

  -어둠이 바다를 끌어안는다./ 노을이 질 무렵/ 바다의 태양은/ 밤의 거울이 되어/ 어둠을 마주한다.-
  어둠은 일정한 시간이 흐르면 찾아오게 되어 있다. 어둠이 바다를 끌어안았다는 것은 삼라만상이 어둠의 품에 안겨 하루의 피로를 푸는 것처럼 모든 자연의 포근함을 노래한 것이리라.
  -어둠이 바다를 끌어안는다.-라고 했다. 포근하고 은근한 의인법을 사용해서 한 행으로 편안하게 시작했다. -노을이 질 무렵 /바다의 태양은/ 밤의 거울이 되어. 어둠을 마주한다.-
  시의 전개를 전형적인 서경에서 서정으로 옮겨갔다. 하루의 일과를 돌아보면서 밝은 빛으로 찾아올 내일을 기다린다. '밝음과 어둠'은 세상사 모든 이치에 해당이 된다. 바다로 풍덩 빠진 태양은 거울이 되어서 어둠을 다시 밝음으로 끌어 올려 마주 보고 있다고 했다. 밝음과 어둠의 평등, 어둠이 없는 밝음은 그 의미가 상실될 것이며, 즉 양과 음의 조화는 불변

하는 만물의 이치다.

 - 빛이 되어 살아온/ 수명을 다한 별똥별이/ 바다의 돌이 될 때/ 바다 한구석/ 작은 빛이 될 수 있으면 좋으련만-

 우리말의 별똥별은 유성(流星), 성화(星火) 비성(飛星) 지구에 떨어진 별똥별은 운석(隕石)이라 부른다. 별로써 수명을 다해 지상을 향해 낙하하는 유성이 바다 깊은 곳에서는 돌로 변화한다. 저 높고 푸른 하늘에서 가장 공평하고 편안한 수평을 이루는 바다로 떨어져 간 '별똥별' 생을 다했지만 한 가닥의 작은 빛이 되어 모두의 지침이 되길 작가는 염원했다.

 사람들도 생의 마지막 과정에서 작은 소망을 담아 사람으로 살아온 자신의 증표를 남기려 든다. 문화적 가치를 담은 작품이든 예술적 가치를 담은 작품이든 그 어떤 작품이든 간에 그 작품은 작가의 자화상이라 할 수 있기에 영혼을 담아내야 하는 사명의식을 가져야 한다. 대단한 추리력과 서정성을 지닌 수준 높은 작품이다.

 * '엘리베이터 속의 거울'이다.

> 거울에 비친 모습
> 매 순간이 낯설다
> 준비해 본 적 없는 세월의 흔적
> 미리 알았더라면
> 어색하지 않았을 것을

흘러온 세월의 물골이
눈 옆에 선명하게 자리 잡고
흰머리는 따뜻한 겨울이고 싶어한다.

늙어가는 줄 모르고 살았으니
열심히 살았구나.

기억은 젊음에서 멈추지
거울만 보지 않는다면
멈춘 젊음에서 한평생 보낼 수 있겠지

혼자일 때 외로운 것이 아니다
그저 바라보고 있는
내 눈이 외로운 것을

지나간 세월이야 어쩔 수 없지
십 년 후 또 다른 내 모습에
어색하지 않으면 되지

  *. 작품을 감상하기 전에 잠깐 엘리베이터와 거울에 대해 간략하게 더듬어보자. 현대인들에게 '엘리베이터와 거울'은 일상에서 빼놓을 수 없는 사람들의 욕망을 채워주는 도구라 할 수 있다. 엘리베이터는 1850년에 영국에서 최초로 개발했으며, 그 후 1853년 미국의 일체톤이 발명한 수송장치를 가진 엘리베이터가 도시 생활에서 시간과 사람들의 수고를 덜어주는 이동수단으로 현대인들의 발이 되어주고 있다.

/평설/

금속거울을 우리말로는 '어루쇠'라고 하며, 동경(銅鏡)이라고 불렀다. 예부터 거울의 명칭은 면경(面鏡), 명경(明鏡), 석경(石鏡), 체경(體鏡), 조경(照鏡) 등으로 불리었다. 깨어진 부부관계를 파경(破鏡)이라고 하며, 서양권에는 거울을 깨면 7년간 재수가 없다는 미신이 있다. *

 詩에서 제목은 사람의 얼굴에 비유한다. 상대를 처음 만났을 때의 첫인상이 그 사람의 이미지로 오랫동안 새겨져 남아 있듯이 작품의 제목도 마찬가지다. 이 작품은 하루에도 몇 번씩 타고 다니는 엘리베이터 안에서 무심코 바라본 자신의 모습을 거울을 통해 돌아다 본 것이다.

 -거울에 비친 모습/ 매 순간이 낯설다./ 준비해 본 적 없는 세월의 흔적/ 미리 알았더라면/ 어색하지 않았을 것을-
 생활이 아무리 바쁘더라도 누구나 하루에 한두 번은 거울과 마주하리라. 거울 속에 비춰진 내가 어느 땐 낯설어서 어색할 때도 있었으리라. 어쩌면 그게 우리의 일상일지도 모른다.

 -흘러온 세월의 물골이/눈 옆에 선명하게 자리 잡고/ 흰머리는 따뜻한 겨울이고 싶어한다. -
 서서히 늙어가는 모습에서 미처 깨닫지 못했던 자화상을 그려낸 삶의 푸념이다. 흐름을 막을 수 없다는 체념의 끝자락은 다가오는 세월의 증표인 흰머리를 비춰준 거울을 '따뜻한 겨울이고 싶어한다.'라고 아주 멋있는 시적인 표현을 구사했다. '나도 어느덧 여기까지 왔구나.' 하는 구절은 누구나의 인생처럼 세월의 무상을 토로한 것이다.

-지나간 세월이야 어쩔 수 없지/ 십 년 후 또 다른 내 모습에/ 어색하지 않으면 되지-

끝 연의 표현 또한 현대인들의 삶을 이야기하듯이 자연스럽게 풀어가면서 치열하게 살아온 지난날에 체념 아닌 위안을 하는 독백이다. 먼 훗날에 떳떳한 가장으로, 아빠로, 남편으로 부끄럽지 않은 자기 모습을 만들어 내겠다는 다짐을 하는 정신적인 넉넉함을 보여주었다.

말이나 글은 처음과 끝이 중요하다. 글의 끝맺음은 그 글의 생명이다. 맺음이 흐릿하면 이 작가는 무엇을 말하려고 했는가를 모르기에 '그저 그런 작품'으로 흘러간다. 끝 연에서는 먼 훗날의 자화상에 새로운 다짐을 했다. 누구의 삶이든 인생살이에서 후회 없는 삶이 있었을까. 어떻게 살았든 간에 '그때 그랬더라면, 그 생각을 그때는 왜 못했을까'라는 아쉬움을 남겼던 우리들의 지난날의 삶이다.

6연으로 구성한 '엘리베이터 속에서 거울'이라는 작품이 주는 인상은 '거울'이라는 사물이 시각을 자극해서 인간의 감정을 끌어낸 시인의 자질에 큰 박수를 보낸다.

에필로그

　김대경시인은 1995년 도농통합 이전의 익산군 함열읍에서 태어나 그곳에서 초중고교를 마치면서 성장해갔다. 학창시절에 심신을 단련시키려고 익혔던 태권도는 그를 실력을 갖춘 뛰어난 태권도 선수로 만들어 강한 사나이로 발돋움시켰다. 외유내강의 굳은 의지와 리더쉽으로 군생활을 하는 동안 유격 조교와 태권도 교관을 겸하면서 국방의무를 완수했다.
　글을 쓰는 작품활동을 하고 싶어 하는 사람이면 누구나 등단을 서두른다. 그런데도 김시인은 생업에 쫓기면서도 꾸준한 시작(詩作)생활로 첫 詩集을 펴낸 이력이 있다. 등단의 늦둥이가 되어 작년에야 서울에 있는 전국적인 문예지인「월간국보문학」을 통해 시인으로 등단한 뒤, 익산 문인협회의 사무국장을 맡아서 열정을 다해 직무를 수행하고 있다.
　그는 한국문인협회 회원이 되면서, 전북문인협회 이사와 전라시조문학회 이사직을 맡아 文人으로서의 왕성한 활동을 하는 부지런한 작가로 동료 문인들로부터 진정한 박수를 받는다.

주옥같은 70여 편의 작품 중 몇 편만을 가려 감상을 했다. 눈으로만 훑어보고 지나가는 詩가 아닌, 고개가 끄덕여질 때가 여러번 있었던 시였다. 부족한 식견으로 이토록 정교한 수작을 감상하면서 의견까지 피력하는 기회를 가진 계기에 감사를 드린다. 한 편의 서정적 이야기를 그려낸 수묵화(水墨畵)를 감상한 뒷맛으로 머리와 두 눈이 싱그럽고 개운하다.

두 번째 시집 발간을 열린 마음으로 축하를 드리면서 시인의 문운이 창성하기를 두 손을 모아 기원한다.